CORINNA FEENDERS

POTJIE

~ Kochbuch ~

Email: info@edition-lunerion.de
www.edition-lunerion.de

Psiana eCom UG
Berumer Str. 44
26844 Jemgum

Vorwort

Potjie sagt Ihnen nichts? Dann wird's aber Zeit! Denn der gusseiserne Hexenkessel aus der südafrikanischen Kochtradition bringt frischen Geschmacks-Wind in die Alltagsküche – und mit diesem Rezeptbuch genießen Sie das auch ganz unkompliziert bei sich zuhause!

Zugegeben, für die schnelle Feierabendküche aus der Mikrowelle taugt der Potjie-Topf nicht, doch die Verwendung ist alles andere als kompliziert: Der rustikal-robuste Gusseisenkessel wird einfach auf Kohlen, Briketts oder einen Schwenkgrill gesetzt und entfaltet dort seinen Aromenzauber. Das traditionelle südafrikanische Kochgeschirr eignet sich perfekt für Eintöpfe, Suppen, Paellas & Co., doch auch Backwerk, Snacks und sogar Süßspeisen gelingen mühelos und präsentieren sich mit einzigartiger Geschmacksintensität. Die original südafrikanischen Rezepte in diesem Buch sind perfekt auf die Zubereitung im Potjie zugeschnitten und schenken Fleischfreunden, Fischfans und Veggies gleichermaßen authentisch-südafrikanischen Speisegenuss für alle Anlässe. Ob sättigendes Hauptgericht, leichter Salat, würzige Suppe oder verführerisches Dessert – der Topf macht stets eine gute Figur und liefert Leckereien für alle Vorlieben.

Guten Appetit!

INHALT

Der Zaubertopf: Potjie 1

Tipps und Tricks: Der richtige Umgang mit dem Potjie-Topf 2

So gelingt das Kochen nach authentisch südafrikanischer Art 3

Einen Potjie-Topf kaufen: Darauf sollten Sie achten 4

Potjie-Einkaufsliste 5

Brot und Brötchen aus dem Potjie 6

Potjie-Brot 7

Bierbrot 8

Buttermilch-Brot mit Cheddar 9

Krustenbrot 10

Partybrötchen 11

5-Zutaten-Brot 12

Zucchinibrot 13

Südafrikanische Salate 14

Lauchsalat 15

Freekeh-Salat 16

Chakalaka-Salat mit Blumenkohl 17

Linsensalat 18

Mango-Avocado-Salat 19

Bananen-Salat mit Curry 20

Couscous-Salat 21

Suppen 22

Kürbissuppe *23*

Butternuss-Kürbis-Suppe *24*

Knoblauchsuppe *25*

Kartoffelsuppe mit Speck *26*

Pizzasuppe *27*

Erbsensuppe *28*

Hauptgerichte mit Fleisch & Geflügel 29

Ananashühnchen *30*

Schwein in Biersoße *31*

Klassisches Huhn mit Gemüse *32*

Lamm-Potjiekos *33*

Beef-Potjie *34*

Schicht-Eintopf mit Rind *35*

Schicht-Eintopf mit Lamm *36*

Hauptgerichte mit Fisch & Meeresfrüchten 37

Klassischer Fischeintopf *38*

Fischstäbchen im Speckmantel mit Kartoffeln *39*

Schicht-Gemüse mit Fisch *40*

Paella mit Riesengarnelen *41*

Einfache Riesengarnelen aus dem Potjie *42*

Fisch-Eintopf mit Reis *43*

Vegetarische Hauptgerichte 44

Pilzpfanne *45*

Vegetarischer Bauerntopf *46*

Kartoffel-Curry mit Mango-Dip *47*

Kichererbsen-Eintopf mit Joghurtsoße *48*

Bohneneintopf *49*

Gemüseeintopf *50*

Vegane Hauptgerichte 51

Potjiekos mit Kokosmilch *52*

Bohnen-„Chicken"-Eintopf *53*

Gemüseeintopf *54*

Schicht-Gemüse *55*

Linsen-Gemüse-Eintopf *56*

Fingerfood & Snacks 57

Pizzabrötchen aus dem Potjie *58*

Lamm-Sosaties – Lamm-Spieße *59*

Schmalzküchlein *60*

Gebrannte Mandeln *61*

Datteln im Speckmantel *62*

Desserts 63

Zimtschnecken *64*

Brotpudding *65*

Pfirsich-Crumble *66*

Gegrillte Bananen *67*

Apfelkuchen *68*

Malva-Pudding *69*

Südafrikanische Getränke 70

Amarula-Überraschungs-Kaffee *71*

Amarula mit Wodka *72*

Amarula-Eis-Cocktail *73*

Rooibos-Eistee *74*

Rooibos-Chai-Latte *75*

Rock Shandy *76*

Mango-Apfel-Mocktail *77*

Der Zaubertopf: Potjie

Potjie wird als Abkürzung für das Wort Potjiekos genutzt. Das heißt übersetzt „Kleiner Topf mit Lebensmitteln". Ein solcher Potjie sieht aus wie ein alter Hexenkessel und wird traditionell über Feuer verwendet. Der Topf und der passende Deckel bestehen zu einem Großteil aus Gusseisen. Diese Art des Kochens hat eine besonders lange Geschichte.

Bis hin zum Achtzigjährigen Krieg (1568 - 1648), der unter anderem in den Niederlanden stattfand, lässt sich die Geschichte vom Potjie zurückverfolgen. Während die Bevölkerung ausgehungert wurde, mussten die Menschen erfinderisch werden. Sie fingen schließlich damit an, alles Essbare in einem gusseisernen Topf zu einem Eintopf zu verarbeiten. Aus der Not heraus entstanden so die ersten Eintopf-Rezepte.

Mit der Zeit wurden sowohl das Material für die Potjie-Töpfe als auch die Rezepte verfeinert. Das Kochen über dem offenen Feuer wurde zu einem geselligen Beisammensein für die Gesellschaft. Durch den niederländischen Auswanderer Jan van Riebeeck gelang der Potjie im Jahr 1652 dann nach Südafrika. Hier wurde er schnell ein fester Bestandteil der Küche. Zwar war den Menschen das Kochen über offenem Feuer hier schon bekannt, doch ein Schmortopf war ihnen noch neu.

In Südafrika war er also nicht mehr wegzudenken. Von nun an wurde der Potjie zu einem All-in-One-Topf für die Menschen. Sie kochen nicht nur Eintöpfe darin, sondern auch den klassisch afrikanischen Brei, der dort unter dem

Namen „Pap“ bekannt ist. Auch süße Speisen werden hin und wieder darin gekocht. In den übrigen Teilen der Welt ging der Potjie jedoch wieder aus der Küche verloren und die Menschen begannen damit, modernere Töpfe zu nutzen. Seinen Ursprung hat der Potjie also in den Niederlanden. Über eine lange Reise fand er seinen Platz dann in Südafrika. Hier wurde er zu einem Traditionsobjekt. Bis heute.

TIPPS UND TRICKS: DER RICHTIGE UMGANG MIT DEM POTJIE-TOPF

Tipp 1: Vorbereitung
Für die meisten Rezepte werden zahlreiche Zutaten benötigt. Bevor Sie mit dem Kochen beginnen, legen Sie sich also alles Nötige zusammen, damit die Zutaten gemeinsam in den Topf wandern können.

Tipp 2: Das erste Einbrennen
Vor dem ersten Kochen sollten Sie Ihren Potjie zunächst einbrennen. Nutzen Sie dafür geschmacksneutrales Fett und viel Hitze. Reiben Sie den Potjie großzügig mit dem Öl ein und stellen Sie ihn kopfüber für eine Stunde in den 200 Grad heißen Backofen oder über einen heißen Kugelgrill. Wiederholen Sie das Einbrennen, um Ablagerungen und Rostbildung zu verhindern.

Tipp 3: Hitze
Beim Kochen mit dem Potjie wird es heiß. Doch das macht dem gusseisernen Topf nichts aus. Stellen Sie den dreibeinigen Topf in heiße Kohlen, heiße Glut oder auf Grillbriketts. Sollten Sie einen Schwenkgrill besitzen, eignet sich dieser ebenfalls für die Nutzung des Potjies. Falls besonders hohe Temperaturen gewünscht sind, kann er sogar direkt in das Feuer gestellt werden. Durch das Gusseisen und den besonders schweren Deckel verteilt sich die Wärme gleichmäßig im Topf. – Legen Sie geeignete Ofenhandschuhe bereit! –

Tipp 4: Reinigung und Pflege

Die Reinigung des Potjies ist simpel. Waschen Sie ihn mit lauwarmem Wasser und einer Bürste. Nutzen Sie dabei keine Reinigungsmittel. Diese würden die notwendige Fettschicht zerstören. Halten Sie auch das Äußere des Potjies sauber. Entfernen Sie Glut und Kohle, da diese unter Umständen Rost bilden könnten.

SO GELINGT DAS KOCHEN NACH AUTHENTISCH SÜDAFRIKANISCHER ART

Nicht nur der Potjie-Topf, sondern auch die besondere Art des Kochens hat Tradition. Nur durch die traditionell südafrikanische Art kann der Potjie seine Wirkung entfalten, alle Aromen, Fleischsaft und Geschmäcker einschließen und versiegeln. Fester Bestandteil eines jeden Potjie-Rezeptes ist das Öl. Das Öl kommt stets zuerst in den Potjie. Dann folgen in der Regel Fleisch, Gewürze, Zwiebeln und Knoblauch. Weitere Gemüsesorten wie Kartoffeln, Möhren oder Kohl werden je nach benötigter Garzeit hinzugefügt. Halten Sie sich also immer an die angegebene Reihenfolge der Rezepte.

EINEN POTJIE-TOPF KAUFEN: DARAUF SOLLTEN SIE ACHTEN

Wer heute einen Potjie kaufen möchte, muss sich mit sehr großer Wahrscheinlichkeit im Internet auf die Suche machen. Denn im örtlichen Handel sind diese besonderen Töpfe nicht zu finden. Einige Internetseiten haben sich jedoch auf den Verkauf der südafrikanischen Potjies spezialisiert und bieten zudem Beratung und Zubehör an. Stellen Sie sich zunächst die Frage, wie groß der Topf sein soll. Also: Für wie viele Personen möchten Sie darin kochen. Einige Händler beschreiben die Größenangaben entsprechend. Für 2 bis 4 Personen eignet sich beispielsweise ein 3-Liter-Topf. Für 8 bis 14 Personen sollten Sie über den Kauf eines 8-Liter-Potjies nachdenken. Notwendiges Zubehör ist, bis auf geeignete Handschuhe, eigentlich nicht notwendig. Im Onlinehandel stehen jedoch Pflege-Produkte zur Verfügung, die den Potjie besonders lange haltbar machen sollen. Praktische Helfer könnten unter Umständen ein Topfheber und ein Stahlschwamm sein. Bevor Sie einen Potjie kaufen, gehen Sie sicher, dass es sich dabei um ein echtes Gusseisen handelt und entsprechend als solches Material angegeben ist. Nur so wird aus Ihrem Potjie ein echtes südafrikanisches Erlebnis.

POTJIE-EINKAUFSLISTE

Obst und Gemüse:

Äpfel, Birnen, Pfirsiche, Zitronen, Orangen, Rosinen

Kartoffeln, Paprika, Möhren, Erbsen, Brokkoli, Blumenkohl, Tomaten, Gurken, passierte Tomaten, stückige Tomaten, Mais, Zwiebeln, Knoblauch, Selleriestauden, Knollensellerie, Bohnen

Getreideprodukte:

Reis, Mehl, Dinkelmehl, Roggenmehl, Backpulver, Trockenhefe

Fleisch und Fisch:

Biltong (südafrikanisches Rindfleisch), Hackfleisch, Lammfilet, Rinderfilet, Schweinefilet, Braten (aus der Keule), Hähnchenfleisch

Fisch nach Wahl (z. B. Lachs, Forelle, Weißfisch), Riesengarnelen, Garnelen

Produkte aus der Kühlabteilung:

Milch, Naturjoghurt, Frischkäse, Quark, Sahne, Käse, geriebener Käse

Gewürze, Kräuter und Sonstiges:

Petersilie, Minze, Schnittlauch, Oregano, Kreuzkümmel, Curry, Paprikapulver, Kurkuma, Chakalaka-Soße (Pulverform als Gewürzmischung oder fertige Soße), Masala-Gewürzmischung (afrikanische Kräutermischung)

Frischhefe, Salz, Zucker, Öl, Olivenöl, Frittierfett, Eier, Walnüsse, Mandeln, Mandelsplitter

Brot & Brötchen aus dem Potjie

POTJIE-BROT

1 Brot | 1,5 Std. | Leicht

Zutaten

500 ml lauwarmes Wasser
½ Würfel Hefe
400 g Dinkelmehl
100 g Weizenmehl
250 g Roggenmehl
1 TL Zucker
2 TL Salz

Nährwerte p. P.

82 kcal
12 g Kohlenhydrate
3 g Fett
2 g Eiweiß

1 Lösen Sie die Hefe im Wasser auf. Rühren Sie sie dabei regelmäßig um. Geben Sie jetzt die übrigen Zutaten hinzu und kneten Sie daraus einen homogenen Teig.

2 Füllen Sie ihn in den noch nicht erhitzten Potjie. Lassen Sie diesen 1 Stunde lang abgedeckt an einem warmen Ort ruhen.

3 Bereiten Sie in dieser Zeit die Feuerstelle vor. Besprühen Sie den Teig mit etwas Wasser und schneiden Sie ihn nach Belieben ein.

4 Stellen Sie den Potjie jetzt direkt auf die heiße Glut. Sie sollte etwa 250 Grad heiß werden.

5 Backen Sie das Brot darin für ca. 35 Minuten.

BIERBROT

1 Brot | 1 Std. | Leicht

Zutaten

500 g Mehl, Type 405
1 Pck. Backpulver
2 Prisen Salz
330 ml Bier

Außerdem:
Butter zum Einfetten der Form

Nährwerte p. P.

67 kcal
12 g Kohlenhydrate
2 g Fett
1 g Eiweiß

1 Fetten Sie eine Kuchen- oder Brotbackform mit ausreichend Butter ein. Bereiten Sie die Feuerstelle für den Potjie vor.

2 Kneten Sie aus den angegebenen Zutaten einen homogenen Teig. Geben Sie diesen in die vorbereitete Form.

3 Legen Sie die Form jetzt in den Potjie. Legen Sie sie dabei nicht direkt auf den Topfboden, sondern verwenden Sie ein entsprechendes Gitter oder Steine, damit die Brotform nicht den Boden berührt.

4 Backen Sie das Brot für ca. 45 Minuten. Je nach Größe des Feuers kann sich die Backzeit auf bis zu 1 Stunde verlängern.

BUTTERMILCH-BROT MIT CHEDDAR

1 Brot | 1 Std. | Leicht

Zutaten

500 g Mehl, Type 405
1 Pck. Backpulver
200 g Cheddarkäse, gerieben
1 Tüte Zwiebelsuppe (Fixgericht)
2 EL Oregano, getrocknet
1 Prise Salz

Außerdem:
Butter zum Einfetten der Form

Nährwerte p. P.

82 kcal
18 g Kohlenhydrate
6 g Fett
2 g Eiweiß

1 Fetten Sie zunächst die Kuchen- oder Brotbackform mit ausreichend Butter ein.

2 Vermengen Sie Mehl und Backpulver miteinander. Geben Sie jetzt die übrigen Zutaten hinzu und kneten Sie daraus einen festen Brotteig.

3 Verteilen Sie diesen gleichmäßig in der Brotform. Legen Sie die Form jetzt in den Potjie. Legen Sie sie dabei nicht direkt auf den Topfboden, sondern verwenden Sie ein entsprechendes Gitter oder Steine, damit die Brotform nicht den Boden berührt.

4 Backen Sie das Brot im geschlossenen Potjie etwa 40 Minuten lang aus.

KRUSTENBROT

1 Brot | 1,5 Std. | Leicht

Zutaten

750 g Mehl, Type 405
750 g Roggenmehl
14 g Trockenhefe
2 TL Salz
1 ½ Liter Wasser

Nährwerte p. P.

104 kcal
20 g Kohlenhydrate
8 g Fett
4 g Eiweiß

1 Vermengen Sie Mehl, Hefe und Salz miteinander. Geben Sie nach und nach das Wasser hinzu und kneten Sie daraus einen homogenen Teig an.

2 Formen Sie daraus einen Laib Brot und decken Sie ihn mit einem sauberen Baumwolltuch ab. Lassen Sie das Brot 30 Minuten lang ruhen.

3 Geben Sie es auf einem Kuchenrost oder auf einem dafür vorgesehenen Rost in den Potjie.

4 Backen Sie es darin für 30 bis 40 Minuten knusprig aus. Halten Sie den Potjie dabei geschlossen.

5 Bedecken Sie es nach dieser Zeit mit Backpapier und backen Sie es weitere 10 Minuten.

6 Lassen Sie das Brot vollständig auskühlen.

PARTYBRÖTCHEN

7 Port. | 1,5 Std. | Leicht

Zutaten

700 g Mehl
3 TL Zucker
1 Prise Salz
2 Eier
300 ml Milch
50 ml Sonnenblumenöl
50 g Butter

Nach Belieben:
Sesam, Mohn oder beliebige Körner

Außerdem:
Wasser

Nährwerte p. P.

102 kcal
21 g Kohlenhydrate
2 g Fett
1 g Eiweiß

1 Vermengen Sie alle angegebenen Zutaten für den Teig zu einer homogenen Masse.

2 Formen Sie daraus 7 gleich große runde Brötchen. Decken Sie diese mit einem Baumwolltuch zu und lassen Sie sie 20 Minuten lang ruhen.

3 Bestreichen Sie diese jetzt mit etwas Wasser. Wenden Sie sie jetzt nach Belieben in Sesam, Mohn oder anderen Körnern.

4 Legen Sie sie auf einem Backpapier nun zu einer Blumenform zusammen. Lassen Sie sie weitere 10 Minuten ruhen.

5 Geben Sie die Brötchenblume direkt in den Potjie und geben Sie diesen auf heiße Kohlen.

6 Backen Sie die Partybrötchen im geschlossenen Potjie für ca. 45 Minuten.

Tipp: Die Partybrötchen eignen sich nicht nur als Partysnack, sondern auch als Frühstück. Dazu passen verschiedene Dips.

5-ZUTATEN-BROT

1 Brot | 2 Std. | Leicht

Zutaten

800 g Mehl, Type 550
½ Würfel Hefe
1 TL Salz
540 ml Wasser, lauwarm

Nährwerte p. P.

82 kcal
12 g Kohlenhydrate
3 g Fett
1 g Eiweiß

1 Lösen Sie die Hefe in etwa 2 EL Wasser auf. Vermengen Sie alle Zutaten für den Teig miteinander. Kneten Sie ihn mit feuchten Händen zu einer homogenen Masse.

2 Geben Sie ihn in eine große Schüssel und lassen Sie ihn für mindestens 1 Stunde ruhen.

3 Formen Sie jetzt einen runden Brotlaib daraus. Legen Sie den Potjie mit Backpapier aus und geben Sie das Brot darauf.

4 Backen Sie das Brot jetzt im geschlossenen Potjie über dem Feuer für etwa 1 Stunde aus. Je nach Temperatur kann die Backzeit variieren.

ZUCCHINIBROT

1 Brot 1 Std. Leicht

Zutaten

750 g Mehl
1 TL Salz
1 TL Muskatnuss, gerieben
2 TL Backpulver
1 TL Zimt
500 g Zucker
230 ml Sonnenblumenöl
4 Eier
75 ml Wasser
500 g Zucchini, gerieben
1 TL Zitronensaft
200 g Walnüsse, gerieben

Nährwerte p. P.

340 kcal
9 g Kohlenhydrate
23 g Fett
15 g Eiweiß

1 Bereiten Sie die Feuerstelle vor und heizen Sie den Potjie darauf vor.

2 Vermengen Sie alle angegebenen Zutaten zu einem Teig. Dieser hat eine etwas klebrige Konsistenz.

3 Geben Sie den Teig in eine große, eingefettete Auflaufform. Dafür eignet sich am besten eine Kastenform.

4 Geben Sie die Form mit dem Brotteig in den vorgeheizten Potjie. Achten Sie dabei darauf, dass die Form nicht den Boden berührt. Verwenden Sie dafür einen Rost oder einige Steine.

5 Backen Sie das Brot darin für 30 bis 40 Minuten aus.

Südafrikanische Salate

LAUCHSALAT

6 Port. 30 Min. Leicht

Zutaten

8 Stangen Lauch
50 g Haselnüsse, gehackt
3 EL Zitronensaft
2 EL Olivenöl

Nach Belieben:
Salz und Pfeffer

Nährwerte p. P.

92 kcal
12 g Kohlenhydrate
6 g Fett
2 g Eiweiß

1 Waschen Sie den Lauch gründlich und schneiden Sie ihn in ca. 2 cm dünne Scheiben. Verwenden Sie dabei nur die weißen und hellgrünen Teile.

2 Bringen Sie ausreichend Wasser zum Kochen. Garen Sie den Lauch darin für ca. 10 Minuten. Nutzen Sie dafür am besten einen Gareinsatz, damit der Lauch nicht zu sehr zerfällt.

3 Vermengen Sie in der Zwischenzeit die übrigen Zutaten, bis auf die Haselnüsse, zu einem Dressing und schmecken Sie es nach Belieben mit Salz und Pfeffer ab. Vermengen Sie den gegarten Lauch mit dem Dressing.

4 Garnieren Sie den Salat mit den gehackten Haselnüssen.

Tipp: Dieser südafrikanische Lauchsalat ist eine perfekte Beilage zu deftigen Potjie-Rezepten.

FREEKEH-SALAT

6 Port. | 40 Min. | Leicht

Zutaten

150 g Freekeh (afrikanisches Getreideprodukt)
1 rote Zwiebel
1 EL Butterschmalz
1 Msp. Zimt
1 Msp. Piment
150 ml Gemüsebrühe
3 Stiele Minze
3 Stiele Koriander
3 Stiele Petersilie
50 g Pinienkerne
½ Zitrone
100 g griechischer Joghurt
1 EL Olivenöl

Außerdem:
Pfeffer und Salz

Nährwerte p. P.

195 kcal
23 g Kohlenhydrate
10 g Fett
6 g Eiweiß

1 Weichen Sie das Freekeh 10 Minuten lang in ausreichend Wasser ein. Gießen Sie es anschließend durch ein Sieb ab.

2 Schälen und würfeln Sie die Zwiebel klein. Hacken Sie Minze, Koriander, Petersilie und die Pinienkerne klein.

3 Erhitzen Sie das Butterschmalz in dem Potjie. Dünsten Sie die Zwiebeln darin 5 Minuten lang an.

4 Rühren Sie Freekeh, Zimt, Piment und Gemüsebrühe unter und kochen Sie das Ganze für 20 Minuten im geschlossenen Potjie.

5 Pressen Sie in der Zwischenzeit die Zitrone aus. Vermengen Sie Joghurt, Olivenöl Minze, Koriander, Petersilie, Pinienkerne, Zitronensaft, Salz und Pfeffer zu einem Dip.

6 Lassen Sie den Freekeh-Salat abkühlen und servieren Sie den Dip dazu.

Tipp: Dazu passt ein Steinofenbaguette oder ein Fladenbrot.

CHAKALAKA-SALAT MIT BLUMENKOHL

4 Port. | 1 Std. | Leicht

Zutaten

2 Zwiebeln
2 Zehen Knoblauch
1 Stück Ingwer
3 grüne Chilischoten
2 Möhren
1 Blumenkohl
3 EL Öl
1 EL Currypulver
Je 1 Prise Salz und Pfeffer
200 ml Wasser
400 g Baked Beans, aus der Dose

Nährwerte p. P.

280 kcal
31 g Kohlenhydrate
16 g Fett
11 g Eiweiß

1 Schälen Sie Zwiebeln, Knoblauch und Ingwer. Waschen Sie die Chilischoten ab. Schneiden Sie alles in feine Würfel.

2 Waschen Sie die Möhren und schneiden Sie sie in dünne Ringe. Waschen Sie den Blumenkohl und zerkleinern Sie ihn in kleine Röschen.

3 Erhitzen Sie das Öl im Potjie. Rösten Sie Zwiebeln, Knoblauch, Ingwer und Chili darin kräftig für 4 Minuten an. Rühren Sie jetzt Möhren, Blumenkohl, Currypulver, Salz und Pfeffer unter.

4 Rösten Sie alles kurz zusammen an. Löschen Sie das Ganze jetzt mit dem Wasser ab. Garen Sie die Mischung für 30 Minuten bissfest.

5 Gießen Sie in der Zwischenzeit die Bohnen ab. Heben Sie diese zum Abschluss unter den Salat.

6 Schmecken Sie ihn vor dem Servieren erneut mit Salz und Pfeffer ab.

Tipp: Servieren Sie dazu Fladenbrot.

LINSENSALAT

2 Port. | 30 Min. | Leicht

Zutaten

200 g grüne Linsen
1 rote Zwiebel
1 rote Paprika
1 Banane
3 EL Koriander
3 EL Petersilie
2 EL Öl zum Anbraten
3 EL Balsamico
1 EL Olivenöl
Saft einer ½ Limette
1 EL Chakalaka-Soße
Je 1 Prise Pfeffer und Salz

Nährwerte p. P.

495 kcal
77 g Kohlenhydrate
3 g Fett
28 g Eiweiß

1 Kochen Sie die Linsen nach Packungsanweisung.

2 Schälen Sie die Zwiebel und würfeln Sie sie fein. Schälen Sie die Banane und schneiden Sie diese in Scheiben.

3 Schneiden Sie die Paprika ebenfalls in kleine Würfel. Zerkleinern Sie Koriander und Petersilie.

4 Erhitzen Sie das Öl im Potjie. Braten Sie das gesamte Gemüse darin 5 Minuten lang an. Halten Sie den Deckel dabei geschlossen.

5 Nehmen Sie das Gemüse aus dem Potjie heraus und lassen Sie es kurz abkühlen.

6 Vermengen Sie es mit den Linsen, Balsamico und dem Olivenöl.

7 Rühren Sie die Bananenscheiben, Limettensaft, Chakalaka-Soße, Salz und Pfeffer unter.

8 Garnieren Sie den Salat mit Koriander und Petersilie.

MANGO-AVOCADO-SALAT

2 Port. 30 Min. Leicht

Zutaten

1 Avocado
2 Mangos
1 Handvoll Rucola
30 g Biltong (südafrikanisches Rindfleisch)
2 EL Senf
2 EL Olivenöl
2 EL Essig
1 Spritzer Zitronensaft
Je 1 Prise Salz, Pfeffer und Zucker
1 Pck. Masala-Gewürzmischung (afrikanische Kräutermischung)

Nährwerte p. P.

256 kcal
4 g Kohlenhydrate
24 g Fett
2 g Eiweiß

1 Waschen Sie den Rucola und lassen Sie ihn gründlich abtropfen. Richten Sie ihn auf zwei Salattellern an. Beträufeln Sie den Rucola jeweils mit etwas Olivenöl.

2 Schälen und schneiden Sie die Avocado und Mango in kleine Würfel. Verteilen Sie diese auf dem Rucola. Geben Sie darauf die Biltong-Streifen.

3 Vermengen Sie jetzt alle übrigen Zutaten zu einem Dressing. Schmecken Sie es ab und garnieren Sie den Salat damit.

Tipp: Ohne das Biltong-Fleisch ist der Salat vegan.

BANANEN-SALAT MIT CURRY

4 Port. | 30 Min. | Leicht

Zutaten

1 Zitrone
4 Eigelbe
2 TL Senf
240 ml Sonnenblumenöl
2 TL Currypulver
2 TL Marillenmarmelade
Je 1 Prise Salz und Pfeffer
6 Bananen
1 Bund Blattsalat

Nährwerte p. P.

752 kcal
39 g Kohlenhydrate
40 g Fett
9 g Eiweiß

1 Waschen Sie die Zitrone ab, reiben Sie die Schale mit einer feinen Reibe ab. Halbieren Sie sie und pressen Sie im Anschluss den Saft aus. Vermengen Sie Zitronensaft, Zitronenabrieb, Eigelb und Senf miteinander.

2 Rühren Sie nach und nach das Sonnenblumenöl unter. Achten Sie dabei darauf, dass Sie es langsam unterrühren und dabei eine homogene Masse entsteht. Heben Sie Currypulver und Marillenmarmelade unter.

3 Schmecken Sie das Dressing mit Salz und Pfeffer ab.

4 Waschen Sie den Salat und zerkleinern Sie ihn grob. Schälen Sie die Banane und schneiden Sie sie in dünne Scheiben. Vermengen Sie diese mit dem Salat.

5 Heben Sie das Dressing unter. Servieren Sie den Salat sofort.

COUSCOUS-SALAT

4 Port. | 30 Min. | Leicht

Zutaten

250 ml Fleischbrühe
250 g Couscous
3 Tomaten
4 Frühlingszwiebeln
8 Minzblätter
4 EL Petersilie
2 EL Zitronensaft
2 EL Arganöl
1 EL Agavendicksaft

Nach Belieben:
Kreuzkümmel, Salz, Pfeffer

Nährwerte p. P.

302 kcal
50 g Kohlenhydrate
6 g Fett
8 g Eiweiß

1 Kochen Sie die Fleischbrühe in einem kleinen Topf auf. Geben Sie den Couscous hinein, nehmen Sie den Topf vom Herd und lassen Sie den Couscous darin für ca. 10 Minuten quellen. Lassen Sie den Couscous im Anschluss abkühlen.

2 Waschen Sie die Tomaten. Entfernen Sie den Stielansatz und schneiden Sie sie in kleine Würfel. Waschen Sie die Frühlingszwiebeln und schneiden Sie sie in Ringe. Hacken Sie Minzblätter und Petersilie klein.

3 Vermengen Sie die zerkleinerten Zutaten mit dem abgekühlten Couscous.

4 Rühren Sie aus Zitronensaft, Arganöl und Agavendicksaft ein Dressing an. Schmecken Sie es nach Belieben mit Kreuzkümmel, Salz und Pfeffer ab.

5 Heben Sie das Dressing unter den Couscous-Salat.

Suppen

KÜRBISSUPPE

4 Port. | 1,5 Std. | Leicht

Zutaten

1 Hokkaidokürbis
2 Zwiebeln
2 EL Öl
1 Liter Gemüsebrühe
Je 1 Prise Salz und Pfeffer
100 ml Sahne

Zum Garnieren:
Petersilie und Schinkenwürfel

Nährwerte p. P.

98 kcal
28 g Kohlenhydrate
18 g Fett
6 g Eiweiß

1 Waschen Sie den Kürbis und schneiden Sie ihn in kleine Würfel. Der Hokkaidokürbis muss nicht geschält werden. Schälen Sie die Zwiebel und achteln Sie diese.

2 Erhitzen Sie das Öl in dem Potjie. Dünsten Sie die Zwiebeln gemeinsam mit dem Kürbis darin 5 Minuten lang kräftig an.

3 Löschen Sie das Ganze mit der Gemüsebrühe, Salz und Pfeffer ab. Garen Sie die Suppe jetzt für mindestens 45 Minuten.

4 Pürieren Sie die Suppe nach der Garzeit mit einem Stabmixer direkt im Potjie. Rühren Sie zum Abschluss die Sahne unter.

5 Garnieren Sie die Suppe nach Belieben mit Petersilie und Schinkenwürfeln.

BUTTERNUSS-KÜRBIS-SUPPE

6 Port. | 1,5 Std. | Leicht

Zutaten

1 Apfel
2 Zwiebeln
2 Zehen Knoblauch
50 g Butter oder Margarine
2 EL Currypulver
4 EL Mehl
1 Prise geriebene Muskatnuss
2 Hühner-Brühwürfel oder Gemüse-Brühwürfel
750 ml kochendes Wasser
500 ml Milch
1 TL Salz

Zum Garnieren:
Sahne und gehackte Petersilie

Nährwerte p. P.

120 kcal
39 g Kohlenhydrate
8 g Fett
1 g Eiweiß

1 Erhitzen Sie den Potjie über der Feuerstelle.

2 Schälen Sie die Kürbisse, Apfel, Zwiebeln und Knoblauch. Schneiden Sie alles in kleine Würfel.

3 Geben Sie die Butter oder Margarine in den Potjie. Braten Sie Kürbis, Apfel, Zwiebeln und Knoblauch darin 5 Minuten an. Geben Sie das Currypulver hinzu und rösten Sie es kurz mit an.

4 Sobald die Mischung eine goldbraune Farbe angenommen hat, geben Sie Mehl und Muskatnuss hinzu.

5 Löschen Sie das Ganze jetzt mit Wasser, Milch, Salz und den Brühwürfeln ab. Kochen Sie die Suppe bei geschlossenem Deckel für 1 Stunde.

6 Pürieren Sie sie nach der Garzeit mit einem Stabmixer. Garnieren Sie sie mit Sahne und etwas gehackter Petersilie.

KNOBLAUCHSUPPE

4 Port. | 1 Std. | Leicht

Zutaten

1 kleine Zwiebel
8 Zehen Knoblauch
30 g Butter
600 ml Gemüsebrühe
200 ml Sahne
200 ml Milch
3 EL Mehl
2 EL Petersilie, gehackt
Je 1 Prise Muskatnuss, gerieben und Meersalz

Nährwerte p. P.

390 kcal
36 g Kohlenhydrate
12 g Fett
6 g Eiweiß

1 Erhitzen Sie den Potjie über der Feuerstelle.

2 Schälen Sie den Knoblauch und schneiden Sie ihn in dünne Scheiben. Schälen Sie die Zwiebel und schneiden Sie sie in kleine Würfel.

3 Geben Sie die Butter in den Potjie und schmelzen Sie diese. Dünsten Sie Knoblauch und Zwiebeln darin kräftig an.

4 Rühren Sie im Anschluss Gemüsebrühe, Sahne, Milch und Mehl unter. Kochen Sie die Suppe jetzt für mindestens 40 Minuten über einem kräftigen Feuer.

5 Pürieren Sie sie nach der Garzeit mit einem Stabmixer. Schmecken Sie sie jetzt mit Petersilie, Muskatnuss und dem Meersalz ab.

Tipp: Reichen Sie dazu ein Baguette.

KARTOFFELSUPPE MIT SPECK

4 Port. | 1,5 Std. | Leicht

Zutaten

1 kg Kartoffeln
125 g Speckwürfel
3 Scheiben Toastbrot
2 Möhren
2 Zwiebeln
200 g Sellerie
1 EL Butter
¼ Bund Petersilie
1 Liter Gemüsebrühe
200 ml Sahne
Je 1 TL Meersalz und Majoran
½ TL Muskatnuss

Nährwerte p. P.

333 kcal
15 g Kohlenhydrate
27 g Fett
9 g Eiweiß

1 Bereiten Sie die Feuerstelle vor und erhitzen Sie den Potjie darauf.

2 Schälen bzw. waschen Sie in der Zwischenzeit das Gemüse. Schneiden Sie alles in kleine, möglichst gleich große Stücke.

3 Erhitzen Sie die Butter in dem Potjie. Geben Sie Kartoffeln, Speckwürfel, Möhren, Zwiebeln, Sellerie und Petersilie hinein und garen Sie das Gemüse für 10 Minuten im geschlossenen Potjie.

4 Füllen Sie das Ganze jetzt mit der Gemüsebrühe auf. Kochen Sie die Suppe für mindestens 50 Minuten. Je nach Größe der Stücke kann die Garzeit variieren.

5 Pürieren Sie im Anschluss alles miteinander. Rühren Sie die Sahne ein und schmecken Sie die Suppe nach Belieben kräftig mit Meersalz, Majoran und Muskatnuss ab.

6 Servieren Sie die Toastscheiben dazu.

Tipp: Falls Sie den Speck lieber in fester Form in der Suppe haben möchten, sollten Sie diesen erst nach dem Pürieren mit der Sahne unterrühren.

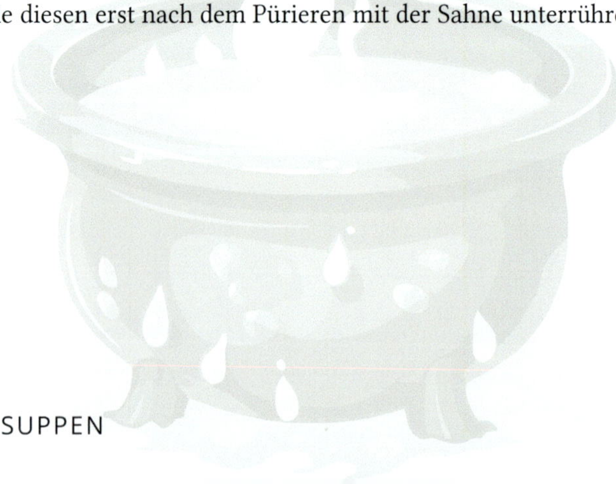

PIZZASUPPE

10 Port. | 2 Std. | Leicht

Zutaten

500 g gemischtes Hackfleisch
2 EL Olivenöl
2 Zwiebeln
1 Zehe Knoblauch
3 Paprikaschoten
400 g Champignons
340 g Mais, aus der Dose
400 g Schmelzkäse
700 ml passierte Tomaten
200 g Sahne
1 Liter Gemüsebrühe
1 EL Pizzagewürz
1 EL italienische Kräuter
2 EL BBQ-Soße
1 EL Tomatenmark
Je ½ TL Salz und Pfeffer

Nährwerte p. P.

405 kcal
32 g Kohlenhydrate
20 g Fett
11 g Eiweiß

1 Bereiten Sie zunächst das Gemüse vor. Waschen Sie die Paprika und die Champignons. Schälen Sie die Zwiebel und den Knoblauch. Gießen Sie den Mais durch ein Sieb ab. Schneiden Sic allcs in kleine Stücke.

2 Erhitzen Sie das Öl in dem Potjie. Braten Sie das Hackfleisch und die Zwiebelwürfel darin kräftig an, bis das Hackfleisch eine schöne braune Farbe angenommen hat.

3 Geben Sie jetzt Knoblauch, Paprika, Champignons und den Mais hinzu. Garen Sie das Ganze für weitere 5 Minuten.

4 Löschen Sie die Mischung jetzt mit Schmelzkäse, passierten Tomaten, Sahne und Gemüsebrühe ab.

5 Geben Sie alle Gewürze hinzu, rühren Sie die Suppe gut um und garen Sie sie für 1 Stunde im geschlossenen Potjie.

6 Würzen Sie sie nach der Garzeit nach Belieben nach.

Tipp: Optional kann die Suppe vor dem Servieren mit etwas geriebenem Käse garniert werden.

ERBSENSUPPE

8 Port. | 1 Std. | Leicht

Zutaten

500 g grüne Schälerbsen
1 ½ Liter Wasser
3 Zwiebeln
2 Stangen Lauch
½ Knolle Sellerie
2 EL Butterschmalz
500 g Schweinenacken
300 g durchwachsener Bauchspeck
2 EL Senf
1 EL Majoran

Nach Belieben:
Salz und Pfeffer

Nährwerte p. P.

326 kcal
11 g Kohlenhydrate
19 g Fett
20 g Eiweiß

1 Legen Sie die Erbsen für mindestens 4 Stunden in dem Wasser ein. Am besten jedoch über Nacht.

2 Schälen Sie die Zwiebeln und schneiden Sie sie in kleine Würfel. Waschen Sie den Lauch und schneiden Sie ihn in dünne Ringe. Schneiden Sie den Sellerie, Schweinenacken und den Speck in kleine Würfel.

3 Erhitzen Sie das Butterschmalz in dem Potjie. Für dieses Rezept sollte er auf heißer Glut stehen und nicht über direktem Feuer.

4 Braten Sie die Zwiebeln darin glasig an. Rühren Sie Lauch und Sellerie unter und dünsten Sie alles gut miteinander an.

5 Geben Sie anschließend den Speck hinzu und rösten Sie ihn 5 Minuten lang im geschlossenen Potjie mit.

6 Löschen Sie das Ganze mit den Erbsen samt Wasser, Senf und Majoran ab. Kochen Sie das Ganze für 40 Minuten. Dabei nimmt die Suppe eine breiartige Konsistenz an.

7 Schmecken Sie die Suppe jetzt mit Salz und Pfeffer ab.

Hauptgerichte mit Fleisch & Geflügel

ANANASHÜHNCHEN

6 Port. 2 Std. Leicht

Zutaten

1 Huhn
Je 1 Prise Salz und Pfeffer
200 ml Öl
500 g Kartoffeln
5 Tomaten
800 g Ananas
1 Zweig Rosmarin
200 g Sultaninen
300 ml Hühnerbrühe

Nährwerte p. P.

310 kcal
38 g Kohlenhydrate
12 g Fett
9 g Eiweiß

1 Säubern Sie das Hähnchen gründlich. Lassen Sie es auf Küchenpapier abtropfen. Würzen Sie es innen und außen mit Salz und Pfeffer.

2 Schälen Sie die Kartoffeln und Ananas. Schneiden Sie Kartoffeln, Ananas, Tomaten und Rosmarin in mundgerechte Stücke.

3 Erhitzen Sie das Öl in dem Potjie. Geben Sie das Huhn in das heiße Öl und verschließen Sie den Topf sofort. Garen Sie das Huhn darin für etwa 20 Minuten.

4 Wenden Sie es und lassen Sie es weitere 5 Minuten garen.

5 Geben Sie jetzt die übrigen Zutaten hinzu und garen Sie den Eintopf für 1 ½ Stunden im geschlossenen Topf. Rühren Sie ihn dabei gelegentlich um.

SCHWEIN IN BIERSOßE

6 Port. 2,5 Std. Leicht

Zutaten

4 Scheiben Speck
1 kg Schweinefilet
50 ml Öl
2 Zwiebeln
2 große Möhren
2 Stangen Sellerie
350 ml Bier
150 ml Fleischbrühe
1 Lorbeerblatt
1 TL Salz
1 EL Zitronensaft
250 g Erbsen
4 Scheiben Toast
60 g Butter
1 EL Senf

Nährwerte p. P.

380 kcal
32 g Kohlenhydrate
12 g Fett
10 g Eiweiß

1 Schneiden Sie den Speck in kleine Würfel. Zerkleinern Sie das Schweinefilet nach Belieben. Schälen und zerkleinern Sie Zwiebeln, Möhren und Sellerie.

2 Erhitzen Sie das Öl in dem Potjie. Braten Sie das Fleisch und den Speck darin ca. 10 Minuten lang an. Geben Sie Zwiebeln, Möhren, Sellerie, Bier, Brühe, Lorbeerblatt und das Salz hinzu.

3 Kochen Sie den Eintopf 2 Stunden über kleinem Feuer.

4 Geben Sie jetzt Zitronensaft und Erbsen hinzu. Rühren Sie den Eintopf um und garen Sie ihn für weitere 5 Minuten.

5 Bestreichen Sie in der Zwischenzeit die Toastscheiben mit Butter und Senf.

6 Verteilen Sie diese gleichmäßig über dem Eintopf und garen Sie sie weitere 10 Minuten lang mit.

KLASSISCHES HUHN MIT GEMÜSE

6 Port. | 2 Std. | Leicht

Zutaten

Ca. 100 ml Öl
1 Huhn, zerteilt
1 Gemüsezwiebel
500 g Kartoffeln
500 g Gemüse nach Wahl
1 Liter Gemüsebrühe
300 g Reis

Nach Belieben:
Gewürze

Nährwerte p. P.

386 kcal
43 g Kohlenhydrate
20 g Fett
11 g Eiweiß

1 Schälen Sie die Kartoffeln und das Gemüse. Zerkleinern Sie alles in mundgerechte Stücke. Schälen Sie die Zwiebel und achteln Sie sie.

2 Erhitzen Sie das Öl in dem Potjie. Braten Sie das zerkleinerte Huhn darin für ca. 5 Minuten an.

3 Geben Sie zunächst die Zwiebel und die Gemüsebrühe hinzu. Garen Sie den Eintopf 30 Minuten lang über kleinem Feuer.

4 Rühren Sie jetzt die Kartoffeln, das übrige Gemüse, Reis und Gewürze unter. Garen Sie den Eintopf für weitere 20 bis 30 Minuten, je nach gewähltem Gemüse etwas länger.

LAMM-POTJIEKOS

10 Port. | 2 Std. | Leicht

Zutaten

Ca. 100 ml Öl
400 g Lammfleisch
400 g Schweinenacken
400 g Rindfleisch
4 große Gemüsezwiebeln
300 g Möhren
500 g Kartoffeln
400 g Tomaten
300 g Paprika
500 g Zucchini
500 g Champignons
500 ml Rotwein
300 ml Gemüsebrühe

Außerdem:
Salz, Pfeffer, Chilisoße, Kräuter und Gewürze nach Wahl

Nährwerte p. P.

389 kcal
26 g Kohlenhydrate
12 g Fett
31 g Eiweiß

1 Erhitzen Sie den Potjie kräftig über dem Feuer.

2 Schneiden Sie in der Zwischenzeit das gesamte Fleisch in mundgerechte Stücke. Waschen und schälen Sie das Gemüse und schneiden Sie es ebenfalls in kleine Würfel.

3 Braten Sie zunächst das Fleisch für 5 bis 10 Minuten in dem Öl an. Geben Sie jetzt die Zwiebeln darüber und verschließen Sie den Topf für 5 Minuten.

4 Verteilen Sie im Anschluss das übrige Gemüse, Rotwein und die Gemüsebrühe darauf. Würzen Sie nach Belieben und verschließen Sie den Potjie.

5 Garen Sie den Eintopf für mindestens 2 ½ Stunden. Dieser Eintopf sollte jedoch nicht umgerührt werden.

6 Würzen Sie nach der Garzeit nach Belieben nach und servieren Sie den heißen Hühnereintopf mit Reis oder Baguettes.

BEEF-POTJIE

4 Port. | 2 Std. | Leicht

Zutaten

3 EL Öl
1 kg Rindergulasch
2 Zehen Knoblauch
250 ml Rinderbrühe
1 Dose Bier (440 ml)
250 ml Rotwein
2 EL Tomatenmark
2 EL Zucker
1 EL Thymian
2 EL Worcestersoße
4 EL Lorbeerblätter
2 EL Petersilie
3 EL Butter
6 große Kartoffeln
6 Möhren
2 große Zwiebeln

Außerdem:
Salz und Pfeffer

Nährwerte p. P.

399 kcal
41 g Kohlenhydrate
20 g Fett
9 g Eiweiß

1 Erhitzen Sie das Öl in dem Potjie.

2 Würzen Sie das Fleisch nach Belieben mit Salz und Pfeffer. Braten Sie es jetzt in dem heißen Öl kräftig an. Lassen Sie es mindestens 5 Minuten lang im geschlossenen Topf garen.

3 Schälen und zerkleinern Sie in der Zwischenzeit den Knoblauch. Geben Sie Knoblauch, Brühe, Bier, Rotwein, Tomatenmark, Zucker, Thymian, Worcestersoße, Lorbeerblatt und Petersilie hinzu.

4 Lassen Sie den Eintopf 1 Stunde lang garen.

5 Schälen und zerkleinern Sie während dieser Zeit Kartoffeln, Möhren und Zwiebeln.

6 Geben Sie nach dieser ersten Garzeit die übrigen Zutaten samt Butter hinzu. Garen Sie den Eintopf weitere 3 Stunden über kleinem Feuer.

7 Würzen Sie ihn zum Abschluss nach Belieben.

SCHICHT-EINTOPF MIT RIND

4 Port. 1,5 Std. Leicht

Zutaten

1 EL Butterschmalz
500 g Rindergulasch
Je 1 Prise Salz und Pfeffer
2 EL Tomatenmark
100 ml Rotwein
250 ml Rinderfond
8 große Kartoffeln
5 Möhren
1 große Zucchini
350 g Champignons
2 große Zwiebeln
2 Zehen Knoblauch, gepresst

Nach Belieben:
weitere Gewürze

Nährwerte p. P.

409 kcal
33 g Kohlenhydrate
17 g Fett
9 g Eiweiß

1 Bereiten Sie Kartoffeln und das übrige Gemüse vor. Schälen Sie die Kartoffeln und waschen Sie das übrige Gemüse gründlich ab. Schneiden Sie alles in mundgerechte Stücke.

2 Heizen Sie den Potjie kräftig über dem Feuer auf. Erhitzen Sie das Butterschmalz darin.

3 Waschen Sie das Fleisch gründlich ab und schneiden Sie es in mundgerechte Stücke.

4 Braten Sie das Fleisch darin kräftig von allen Seiten an. Geben Sie Salz und Pfeffer sowie weitere Gewürze nach Wahl hinzu.

5 Rühren Sie jetzt die übrigen Zutaten unter. Garen Sie den Eintopf für mindestens 45 Minuten.

6 Schmecken Sie ihn nach dieser Zeit beliebig kräftig ab.

SCHICHT-EINTOPF MIT LAMM

6 Port. 2 Std. Leicht

Zutaten

1 kg Lammfleisch von der Keule
750 g Kartoffeln
600 g Möhren
250 g braune Champignons
250 ml Rotwein (Dornfelder, halbtrocken)
200 ml Lammfond
120 g Lauch
40 g Butter
2 rote Paprika
2 rote Zwiebeln
Je 2 Zweige Rosmarin und Thymian
2 TL Sojasoße
1 Zehe Knoblauch
½ Zitrone

Außerdem:
Salz, Pfeffer, Gewürze nach Belieben

Nährwerte p. P.

386 kcal
41 g Kohlenhydrate
16 g Fett
10 g Eiweiß

1 Lösen Sie das Lammfleisch vom Knochen und schneiden Sie es in mundgerechte Stücke. Schälen Sie die Kartoffeln, Möhren, Zwiebeln und den Knoblauch. Putzen Sie die Pilze und entkernen Sie die Paprika. Schneiden Sie die Kartoffeln, Paprika und Zwiebeln in große Stücke, die Möhren und die Pilze in Scheiben.

2 Waschen Sie den Lauch gründlich und schneiden Sie ihn ebenfalls in Scheiben. Halbieren Sie die Zitrone, reiben Sie die Schale ab und pressen Sie die Hälfte aus. Vermengen Sie den Zitronensaft und -abrieb mit der Sojasoße und dem Lammfond. Pressen Sie den Knoblauch hinein.

3 Erhitzen Sie den Potjie in der Zwischenzeit bei hoher Temperatur und schmelzen Sie die Butter darin. Braten Sie das Lammfleisch 5 Minuten im Potjie an, nehmen Sie es heraus. Schwitzen Sie nun die Zwiebeln in dem zurückgebliebenen Öl an, bis sie glasig sind. Geben Sie das Fleisch zurück in den Topf und würzen Sie nach Belieben. Verteilen Sie Fleisch und Zwiebeln im Topf, belegen Sie alles mit den Rosmarin- und Thymianzweigen und gießen Sie alles mit dem Rotwein auf.

4 Schichten Sie nun in folgender Reihenfolge auf: Kartoffeln, Möhren, Lauch, Paprika, als oberste Schicht die Champignons. Gießen Sie zum Schluss den Lammfond darüber und schließen Sie den Deckel. Lassen Sie den Eintopf nun 70 Minuten bei kleiner Flamme köcheln, ohne umzurühren. Würzen Sie nach Belieben nach.

Tipp: Dazu schmeckt ein Steinofenbaguette.

Hauptspeisen mit Fisch & Meeresfrüchten

KLASSISCHER FISCHEINTOPF

6 Port. 1 Std. Leicht

Zutaten

20 Miesmuscheln
8 Riesengarnelen
400 g Seeteufelfilet
2 Zehen Knoblauch
1 Zwiebel
1 Chilischote
50 ml Öl
175 ml Fischfond
150 ml Weißwein
1 EL Tomatenmark
1 TL Pfeffer
1 TL Oregano
Den Saft einer ½ Zitrone

Nährwerte p. P.

207 kcal
3 g Kohlenhydrate
15 g Fett
16 g Eiweiß

1 Bereiten Sie zunächst den Fisch vor. Waschen Sie die Muscheln gründlich ab und entbarten Sie diese. Häuten Sie die Garnelen, falls notwendig, und waschen Sie den Seeteufel ab.

2 Schneiden Sie den Fisch in mundgerechte Stücke. Muscheln und Garnelen bleiben im Ganzen.

3 Schälen Sie Zwiebeln und Knoblauch. Waschen Sie die Chili. Schneiden Sie alles in kleine Würfel.

4 Erhitzen Sie in der Zwischenzeit den Potjie. Geben Sie das Öl hinein und erhitzen Sie es kräftig.

5 Garen Sie zunächst Miesmuscheln, Garnelen und Seeteufel darin für ca. 20 Minuten.

6 Rühren Sie jetzt die übrigen Zutaten unter und garen Sie den Eintopf für weitere 40 Minuten bei geschlossenem Topf.

7 Servieren Sie dazu Brot, Baguette oder Kartoffeln.

FISCHSTÄBCHEN IM SPECKMANTEL MIT KARTOFFELN

6 Port. | 1 Std. | Leicht

Zutaten

1 ½ kg Kartoffeln
1 Tüte Zwiebelsuppe (Fixgericht)
2 Zehen Knoblauch, in Scheiben geschnitten
1 EL Paprikapulver
1 Prise Pfeffer
2 Zwiebeln
1 Paprika
1 Porree
2 Möhren
2 Handvoll Röstzwiebeln
1 Becher Crème fraîche
15 Fischstäbchen
15 Scheiben Bacon
200 g Käse, gerieben
200 ml Wasser

Nährwerte p. P.

385 kcal
41 g Kohlenhydrate
20 g Fett
12 g Eiweiß

1 Bereiten Sie die Feuerstelle vor. Der Potjie sollte für dieses Rezept nicht im Feuer, sondern auf heißer Glut stehen.

2 Schälen Sie die Kartoffeln und schneiden Sie sie in mundgerechte Stücke. Vermengen Sie sie mit dem Pulver der Zwiebelsuppe, dem Knoblauch, Paprikapulver und Pfeffer.

3 Verteilen Sie diese in dem eingefetteten Potjie.

4 Bereiten Sie jetzt das übrige Gemüse vor. Waschen Sie alles gründlich und schälen Sie die Zwiebeln und Möhren. Schneiden Sie alles in mundgerechte Stücke.

5 Schichten Sie das Gemüse wie folgt auf den Kartoffeln: Zwiebeln, Paprika, Porree, Möhren. Geben Sie darauf die Röstzwiebeln. Es folgt die Crème fraîche. Verstreichen Sie es gleichmäßig darüber.

6 Wickeln Sie die tiefgefrorenen Fischstäbchen in jeweils einer Scheibe Bacon ein. Verteilen Sie diese gleichmäßig über den Gemüseschichten. Geben Sie den Käse darüber.

7 Gießen Sie das Wasser gleichmäßig darüber. Verschließen Sie den Potjie und geben Sie ihn für ca. 40 Minuten auf die Feuerstelle.

SCHICHT-GEMÜSE MIT FISCH

4 Port. | 1,5 Std. | Leicht

Zutaten

400 g Fischfilet nach Wahl
3 Zwiebeln
4 große Kartoffeln
3 Möhren
100 g Bohnen
100 g Tomaten
2 Zehen Knoblauch
Je ½ Brokkoli und Blumenkohl
1 Liter Gemüsebrühe

Nach Belieben:
Curry, Kurkuma, Salz, Pfeffer, Petersilie

Nährwerte p. P.

390 kcal
33 g Kohlenhydrate
13 g Fett
9 g Eiweiß

1 Bereiten Sie die Feuerstelle vor.

2 Waschen Sie das Fischfilet und schneiden Sie es in mundgerechte Stücke. Waschen bzw. schälen Sie das übrige Gemüse. Schneiden Sie alles in mundgerechte Stücke. Vermengen Sie die Kartoffeln nach Belieben mit Gewürzen.

3 Schichten Sie die Zutaten wie folgt im Potjie: Zwiebeln, Kartoffeln, Möhren, Bohnen, Tomaten, Brokkoli und Blumenkohl.

4 Pressen Sie den Knoblauch und verteilen Sie ihn darauf. Gießen Sie das Ganze mit der Gemüsebrühe an. Verteilen Sie das vorbereitete Fischfilet gleichmäßig darüber.

5 Verschließen Sie den Potjie und stellen Sie ihn auf die Feuerstelle. Garen Sie das Gericht für 1 Stunde im geschlossenen Potjie. Rühren Sie es dabei nicht um.

6 Würzen Sie das Gericht nach Belieben.

PAELLA MIT RIESENGARNELEN

4 Port. 1 Std. Leicht

Zutaten

1 Zwiebel
2 EL Öl
1 Paprika
100 g Chorizo, in Scheiben geschnitten
200 g Langkornreis
850 ml Fischfond
1 Prise Safran
150 g Erbsen
200 g Riesengarnelen

Außerdem:
Salz, Pfeffer, Petersilie

Nährwerte p. P.

407 kcal
48 g Kohlenhydrate
16 g Fett
18 g Eiweiß

1 Bereiten Sie die Feuerstelle vor und erhitzen Sie den Potjie.

2 Schälen Sie die Zwiebel und schneiden Sie sie in Ringe.

3 Erhitzen Sie das Öl in dem Potjie. Braten Sie die Zwiebelringe darin an.

4 Waschen und schneiden Sie die Paprika in kleine Würfel. Geben Sie die Paprikawürfel hinzu und dünsten Sie sie kurz mit an.

5 Geben Sie jetzt Chorizo, Langkornreis, Fischfond und Safran hinzu. Kochen Sie das Ganze für 30 Minuten bei geschlossenem Topf. Geben Sie jetzt Erbsen, Salz und Pfeffer hinzu. Legen Sie die Riesengarnelen gleichmäßig über die Paella.

6 Verschließen Sie den Potjie und garen Sie die Paella weitere 15 Minuten. Garnieren Sie sie vor dem Servieren mit etwas Petersilie.

EINFACHE RIESENGARNELEN AUS DEM POTJIE

2 Port. | 30 Min. | Leicht

Zutaten

500 g Riesengarnelen, ganz
2 Prisen Salz
1 EL Olivenöl
5 Zehen Knoblauch, gehackt
1 EL Paprikapulver, edelsüß
1 TL Paprikapulver, scharf
2 EL trockener Sherry oder trockener Weißwein
Saft von ½ Zitrone
60 g frische Petersilie, gehackt

Nährwerte p. P.

275 kcal
11 g Kohlenhydrate
3 g Fett
42 g Eiweiß

1 Stellen Sie den Potjie für dieses Rezept direkt in das Feuer. Er sollte sehr heiß werden.

2 Bereiten Sie die Riesengarnelen vor, entfernen Sie den Kopf und die äußere Schale. Entfernen Sie den schwarzen Darm. Waschen Sie sie, tupfen Sie sie trocken und salzen Sie sie im Anschluss kräftig.

3 Erhitzen Sie das Öl in dem Potjie. Braten Sie die Riesengarnelen darin 1 Minute kräftig an. Geben Sie jetzt Knoblauch, Paprikapulver, Sherry oder Weißwein hinzu.

4 Wenden Sie die Riesengarnelen darin. Garen Sie sie weitere 3 Minuten. Je nach Temperatur und Größe der Riesengarnelen sollte der Garprozess etwa 3 bis maximal 5 Minuten dauern.

5 Geben Sie zum Abschluss den Zitronensaft und die Petersilie hinzu. Servieren Sie dazu einen Salat oder ein Baguette.

Tipp: Je nach Größe des Potjies ist es sinnvoll, die Riesengarnelen nach und nach anzubraten. So behält er die Temperatur bei. Der Garprozess ist beendet, sobald die Riesengarnelen eine Rundung erhalten haben. Sollten sie wie ein „C“ aussehen, sind sie zu lange in dem Potjie gewesen.

FISCH-EINTOPF MIT REIS

6 Port. | 1,5 Std. | Leicht

Zutaten

60 g Butter
1 kg Weißfisch
2 TL Salz
½ TL Pfeffer
125 ml Milch
500 g Reis
400 ml Wasser
6 Eier, gekocht

Nährwerte p. P.

420 kcal
38 g Kohlenhydrate
12 g Fett
21 g Eiweiß

1 Heizen Sie den Potjie über einer entsprechenden Feuerstelle vor.

2 Waschen Sie den Fisch und schneiden Sie ihn in mundgerechte Stücke.

3 Geben Sie Butter, Fisch, Salz, Pfeffer und Milch in den Potjie und garen Sie den Eintopf für 1 Stunde.

4 Rühren Sie jetzt Wasser und Reis unter. Der Reis sollte dabei vollständig vom Wasser bedeckt sein.

5 Garen Sie den Eintopf für weitere 30 Minuten mit geschlossenem Deckel.

6 Richten Sie ihn auf tiefen Tellern an und reichen Sie dazu jeweils 1 Ei.

Vegetarische Hauptgerichte

PILZPFANNE

4 Port. 40 Min. Leicht

Zutaten

1 kg Champignons
3 Zwiebeln
3 Zehen Knoblauch
100 g Frischkäse oder Gorgonzola
400 ml Gemüsebrühe

Zum Abschmecken:
Salz, Pfeffer, Petersili

Nährwerte p. P.

210 kcal
29 g Kohlenhydrate
18 g Fett
7 g Eiweiß

1 Beginnen Sie damit, die Pilze zu putzen und die Stiele zu kürzen oder ggf. ganz zu entfernen. Schneiden Sie dann die Zwiebel in Halbringe, den Knoblauch in feine Scheiben und hacken Sie die Petersilic.

2 Erhitzen Sie den Potjie kräftig und braten Sie zunächst die Pilze ohne Fett an. Achten Sie darauf, die Pilze regelmäßig zu wenden. Fügen Sie nach etwa 5 Minuten den Knoblauch und die Zwiebeln hinzu.

3 Rühren Sie die Pilzpfanne so lange um, bis alles schön weich geworden ist. Je nach Größe der Pilze dauert das ca. 15 bis 30 Minuten.

4 Löschen Sie alle Zutaten mit Gemüsebrühe ab und lassen Sie sie aufkochen. Geben Sie den Käse hinzu und lassen Sie ihn schmelzen.

5 Schmecken Sie die Champignonpfanne nach Belieben ab. Garnieren Sie das Gericht mit der Petersilie.

VEGETARISCHER BAUERNTOPF

4 Port. | 1 Std. | Leicht

Zutaten

2 Paprikaschoten
200 g Pilze
500 g Kartoffeln
500 g Möhren
400 g Zwiebeln
400 g passierte Tomaten
200 ml Rotwein
1 EL Paprikapulver, süß
4 EL Öl

Außerdem:
Salz und Pfeffer

Nährwerte p. P.

310 kcal
29 g Kohlenhydrate
9 g Fett
7 g Eiweiß

1 Erhitzen Sie den Potjie über dem Feuer.

2 Bereiten Sie in der Zwischenzeit das gesamte Gemüse vor.

3 Waschen Sie die Paprika und die Pilze. Schälen Sie Kartoffeln, Möhren und Zwiebeln. Schneiden Sie alles in mundgerechte Stücke.

4 Erhitzen Sie das Öl darin. Geben Sie die Zwiebeln hinein und garen Sie diese für 5 Minuten. Geben Sie jetzt das übrige Gemüse schichtweise hinzu.

5 Füllen Sie den Eintopf mit den passierten Tomaten, Rotwein und dem Paprikapulver auf.

6 Garen Sie den Eintopf mindestens 20 Minuten lang über dem mittelgroßen Feuer. Halten Sie den Potjie dabei geschlossen.

7 Öffnen Sie den Topf jetzt, würzen Sie das Gericht nach Belieben mit Salz und Pfeffer. Garen Sie den Eintopf weitere 10 Minuten bei offenem Topf.

Tipp: Dazu passt Salat und Brot.

KARTOFFEL-CURRY MIT MANGO-DIP

4 Port. | 1 Std. | Leicht

Zutaten

Für die Kartoffeln:
2 große Zwiebeln
800 g Kartoffeln
2 EL Butterschmalz
1 EL Currypulver
1 Prise Salz
500 ml Wasser

Für den Dip:
1 Mango
1 TL Kreuzkümmel
2 EL Limettensaft
1 TL Zucker

Zum Garnieren:
Koriander

Nährwerte p. P.

460 kcal
47 g Kohlenhydrate
19 g Fett
11 g Eiweiß

1 Bereiten Sie die Feuerstelle vor und erhitzen Sie den Potjie darauf.

2 Schälen Sie Kartoffeln und Zwiebeln. Schneiden Sie die Zwiebeln in Ringe und die Kartoffeln in mundgerechte Würfel.

3 Erhitzen Sie das Butterschmalz in dem Potjie. Rösten Sie die Zwiebelringe darin 3 Minuten lang glasig an. Geben Sie die Kartoffeln hinzu und rösten Sie sie weitere 3 Minuten mit.

4 Verteilen Sie nun Salz und Currypulver darüber.

5 Füllen Sie den Potjie mit 500 ml Wasser auf und garen Sie die Kartoffelmischung darin 30 Minuten.

6 Bereiten Sie in der Zwischenzeit den Mango-Dip zu.

7 Schälen und entkernen Sie die Mango. Pürieren Sie das Fruchtfleisch. Schmecken Sie das Püree mit Kreuzkümmel, Limettensaft und Zucker ab. Stellen Sie den Dip bis zum Servieren kalt.

8 Garnieren Sie das Kartoffel-Curry vor dem Servieren mit etwas Koriander. Reichen Sie dazu den Mango-Dip.

KICHERERBSEN-EINTOPF MIT JOGHURTSOẞE

4 Port. 45 Min. Leicht

Zutaten

6 EL Olivenöl
1 Zwiebel
2 Zehen Knoblauch
1 kleines Stück Ingwer
2 TL Harissa-Pulver
1 TL Kreuzkümmel, gemahlen
240 ml stückige Tomaten, aus der Dose
400 ml Gemüsebrühe
500 g Aubergine
1 Süßkartoffel
100 g Rosinen
265 g Kichererbsen, aus der Dose
1 Handvoll Minze
1 Zitrone
150 g Sojajoghurt

Außerdem:
Salz und Pfeffer

Nährwerte p. P.

485 kcal
71 g Kohlenhydrate
18 g Fett
13 g Eiweiß

1 Erhitzen Sie den Potjie über der Feuerstelle.

2 Schälen Sie Zwiebeln, Knoblauch und Ingwer. Schneiden Sie alles in kleine Würfel. Erhitzen Sie das Öl in dem Potjie. Braten Sie Zwiebeln, Knoblauch und Ingwer darin kräftig an. Geben Sie die Gewürze hinzu und rösten Sie sie kurz mit an.

3 Löschen Sie das Ganze jetzt mit den Tomaten und der Gemüsebrühe ab. Kochen Sie die Soße 30 Minuten lang bei geschlossenem Deckel.

4 Waschen Sie in der Zwischenzeit die Aubergine und schälen Sie die Süßkartoffel. Schneiden Sie beides in kleine, mundgerechte Stücke. Geben Sie Aubergine, Süßkartoffel, Kichererbsen und Rosinen hinzu.

5 Kochen Sie den Eintopf weitere 20 Minuten lang bei geschlossenem Deckel. Bereiten Sie in der Zwischenzeit den Dip zu.

6 Schneiden Sie die Minzblätter klein und pressen Sie die Zitrone aus. Vermengen Sie den Joghurt mit dem Zitronensaft und den Minzblättern.

7 Schmecken Sie den Eintopf nach der Garzeit nach Belieben mit Salz und Pfeffer ab. Servieren Sie den Dip dazu.

BOHNENEINTOPF

6 Port. | 50 Min. | Leicht

Zutaten

1 EL Olivenöl
2 rote Paprika
2 Zwiebeln
1 Bund Suppengemüse
3 Zehen Knoblauch
500 g weiße Bohnen (aus der Dose)
3 TL Tomatenmark
3 TL Paprika, edelsüß
1 TL Majoran
1 Prise Meersalz
2 ½ Liter Gemüsebrühe

Zum Garnieren:
Petersilie

Nährwerte p. P.

340 kcal
9 g Kohlenhydrate
23 g Fett
15 g Eiweiß

1 Bereiten Sie zunächst die Feuerstelle vor und heizen Sie den Potjie vor.

2 Waschen und schneiden Sie jetzt das Gemüse in mundgerechte Stücke. Schälen Sie die Zwiebeln und den Knoblauch und würfeln Sie alles fein.

3 Erhitzen Sie das Öl in dem Potjie. Rösten Sie Zwiebeln, Knoblauch, Paprika und das Suppengemüse darin 5 Minuten lang kräftig an.

4 Löschen Sie das Ganze mit den abgetropften Bohnen, Tomatenmark, Paprikapulver, Majoran, Salz und Gemüsebrühe ab. Kochen Sie den Eintopf für 40 Minuten.

5 Garnieren Sie die Suppe mit einigen Blättern Petersilie.

Tipp: Dazu passt ein dunkles Stück Brot.

GEMÜSEEINTOPF

8 Port. | 1,5 Std. | Leicht

Zutaten

1 Zwiebel
6 Kartoffeln
3 Selleriestauden
1 Lauch
200 g Kohl, geraspelt
1 Zehe Knoblauch, gepresst
4 Möhren
2 Kohlrabi
200 g grüne Bohnen
1 Liter Wasser
1 Dose stückige Tomaten
Petersilie, gehackt

Außerdem:
Salz und Pfeffer

Nährwerte p. P.

295 kcal
21 g Kohlenhydrate
3 g Fett
2 g Eiweiß

Tipp: Servieren Sie dazu Reis oder Nudeln.

1 Waschen bzw. schälen Sie das gesamte Gemüse. Schneiden Sie es in mundgerechte Stücke.

2 Schichten Sie es nun wie folgt im Potjie auf: Zwiebeln, Kartoffeln, Sellerie, Lauch, Kohl, Knoblauch, Möhren, Kohlrabi, Bohnen. Verteilen Sie darauf das Wasser und die stückigen Tomaten.

3 Garen Sie den Eintopf im geschlossenen Potjie für mindestens 1 Stunde. Schmecken Sie ihn jetzt nach Belieben mit Salz und Pfeffer ab.

4 Garnieren Sie den Eintopf mit etwas Petersilie.

Vegane Hauptgerichte

POTJIEKOS MIT KOKOSMILCH

6 Port. | 1 Std. | Leicht

Zutaten

650 g veganer Braten
2 EL Öl
3 Möhren
3 Kartoffeln
3 Zwiebeln
3 Zehen Knoblauch
250 g Reis
1 Tasse Kokosmilch
100 ml Gemüsebrühe
1 Dose stückige Tomaten
Je 1 Prise Salz und Pfeffer
1 TL Paprikapulver (edelsüß)
500 g Erbsen

Nach Belieben:
Kümmel, gemahlen
Kreuzkümmel, gemahlen
Muskatnuss, gerieben
Zimtpulver
Gewürznelkenpulver

Nährwerte p. P.

392 kcal
36 g Kohlenhydrate
12 g Fett
28 g Eiweiß

1 Erhitzen Sie den Potjie über der Feuerstelle.

2 Schneiden Sie den Fleischersatz in Würfel. Schälen Sie das Gemüse samt Zwiebeln und Knoblauch. Schneiden Sie alles in kleine Würfel.

3 Erhitzen Sie das Öl in dem Potjie. Geben Sie den Fleischersatz gemeinsam mit Zwiebeln, Knoblauch, Kartoffeln und Möhren hinein. Garen Sie das Ganze für ca. 8 Minuten im geschlossenen Potjie.

4 Rühren Sie jetzt Reis, Kokosmilch, Gemüsebrühe und stückige Tomaten unter. Geben Sie Salz, Pfeffer, Paprikapulver und weitere Gewürze nach Belieben hinzu. Garen Sie den Eintopf 30 Minuten lang.

5 Heben Sie zum Abschluss die Erbsen unter und garen Sie diese die letzten 5 Minuten mit.

BOHNEN-„CHICKEN“-EINTOPF

4 Port. 1 Std. Leicht

Zutaten

2 EL Kokosöl
1 Zwiebel
2 Zehen Knoblauch
1 Stück Ingwer
500 g Kartoffeln
1 Möhre
1 Jalapeño
2 Chilischoten
125 g grüne Bohnen
500 g Fleischersatz „Like Chicken“
1 EL Bohnenkraut
80 g rote Linsen
80 g Berglinsen

Für die Soße:
½ Flasche Bier
1 Schuss Rotwein
½ Dose stückige Tomaten
½ Bund Petersilie
2 TL Gemüsebrühe
Oregano, Rosmarin
Kräutersalz
1 TL Wasser

Nährwerte p. P.

370 kcal
29 g Kohlenhydrate
20 g Fett
19 g Eiweiß

1 Bereiten Sie zunächst das Gemüse vor.

2 Schälen Sie Zwiebeln, Knoblauch, Ingwer, Kartoffeln und Möhre. Schneiden Sie alles in mundgerechte Stücke.

3 Zerkleinern Sie die Jalapeño und Chilischoten nach Belieben. Für etwas weniger Schärfe sollten Sie die Kerne entfernen.

4 Schneiden Sie den Fleischersatz in kleine Würfel. Waschen Sie die Bohnen und zerkleinern Sie diese nach Belieben.

5 Erhitzen Sie das Kokosöl im Potjie. Geben Sie alle bisher zerkleinerten Zutaten hinzu und verschließen Sie den Potjie. Garen Sie das Ganze für 10 Minuten.

6 Rühren Sie in der Zwischenzeit die Soße an. Vermengen Sie dafür alle angegebenen Zutaten und schmecken Sie sie nach Belieben kräftig ab.

7 Geben Sie diese nach der ersten Garzeit gemeinsam mit den Linsen und dem Bohnenkraut in den Potjie.

8 Garen Sie den Eintopf erneut für 20 Minuten mit geschlossenem Deckel.

GEMÜSEEINTOPF

6 Port. | 1,5 Std. | Leicht

Zutaten

2 Zwiebeln
3 Zehen Knoblauch
2 Möhren
1 Süßkartoffel
4 Zucchini
2 Stangen Sellerie
1 EL Olivenöl
2 Lorbeerblätter
1 Zweig Rosmarin
125 ml Gin
½ Flasche Rotwein
500 ml Wasser

Nährwerte p. P.

310 kcal
28 g Kohlenhydrate
11 g Fett
8 g Eiweiß

1 Schälen Sie die Zwiebeln, Süßkartoffel, Möhren und den Knoblauch. Waschen Sie die Zucchini und den Sellerie gründlich ab. Schneiden Sie alles in mundgerechte Stücke.

2 Erhitzen Sie das Öl im Potjie. Geben Sie das gesamte Gemüse hinein und rösten Sie es im offenen Potjie 5 Minuten lang an.

3 Löschen Sie es jetzt mit Gin, Rotwein und dem Wasser ab. Geben Sie die Lorbeerblätter und den Rosmarinzweig hinzu.

4 Garen Sie den Eintopf für 1 Stunde. Halten Sie den Deckel dabei geschlossen.

Tipp: Dieses Gemüse eignet sich als Beilage oder vegane Hauptspeise. Dazu schmeckt Reis oder ein Baguette.

SCHICHT-GEMÜSE

4 Port. | 1,5 Std. | Leicht

Zutaten

12 Drillinge (kleine Kartoffeln)
4 große Möhren
2 Zwiebeln
10 Pilze nach Wahl
1 Stangensellerie
½ Hokkaidokürbis
3 Zehen Knoblauch
1 Dose stückige Tomaten
½ Flasche trockener Weißwein
1 TL Paprikapulver
1 TL Rosmarin
2 Lorbeerblätter
1 TL Kreuzkümmel
1 EL Sojasoße
1 Prise Salz
200 ml Wasser

Nährwerte p. P.

284 kcal
28 g Kohlenhydrate
20 g Fett
12 g Eiweiß

1 Bereiten Sie das Gemüse vor. Schälen bzw. waschen Sie alles gründlich ab. Schneiden Sie alles in mundgerechte Stücke.

2 Schichten Sie das Gemüse wie folgt im Potjie auf. Die Reihenfolge ist dabei sehr wichtig: Kartoffeln, Möhren, Pilze, Kürbis, Sellerie, Zwiebeln, Knoblauch.

3 Füllen Sie das Ganze jetzt mit den Tomaten und dem Wein auf. Geben Sie Paprikapulver, Rosmarin, Lorbeerblätter, Kreuzkümmel, Sojasoße und Salz in das Wasser. Verteilen Sie es gleichmäßig über dem Gemüse.

4 Verschließen Sie den Potjie und garen Sie das Gemüse darin 1 Stunde. Rühren Sie das Gemüse vor dem Servieren vorsichtig um.

LINSEN-GEMÜSE-EINTOPF

4 Port. | 1 Std. | Leicht

Zutaten

2 EL Öl
2 Zwiebeln
4 Zehen Knoblauch
1 Stück Ingwer
2 Stangen Sellerie
2 große Möhren
200 g grüne Linsen
Je 1 Zweig Rosmarin und Thymian
1 rote Chilischote
1 TL Kreuzkümmel
1 TL Paprikapulver
600 ml Gemüsebrühe
Je 1 Prise Salz und Pfeffer

Nährwerte p. P.

310 kcal
28 g Kohlenhydrate
11 g Fett
8 g Eiweiß

1 Waschen bzw. schälen Sie das Gemüse. Schneiden Sie Knoblauch, Ingwer und Zwiebeln in feine Würfel. Schneiden Sie das übrige Gemüse in mundgerechte Stücke.

2 Erhitzen Sie das Öl im Potjie. Geben Sie alle Zutaten zusammen hinein und garen Sie es für 1 Stunde. Lassen Sie es nach der Garzeit eine weitere Stunde ruhen.

3 Servieren Sie den Eintopf mit Brot, Reis oder einem Baguette.

Fingerfood & Snacks

PIZZABRÖTCHEN AUS DEM POTJIE

15 Port. 1 Std. Leicht

Zutaten

500 g Pizzateig
125 ml Passata (Tomatensoße)
1 TL Oregano
1 Packung Mozzarella
1 Handvoll Kirschtomaten, halbiert
1 Handvoll Salami, luftgetrocknet
100 g Käse, gerieben
1 Ei

Nährwerte p. P.

88 kcal
28 g Kohlenhydrate
13 g Fett
5 g Eiweiß

1 Bereiten Sie die Feuerstelle vor.

2 Schneiden Sie den Pizzateig in ca. 15 gleich große Stücke. Sie sollten etwa 5 x 5 cm groß sein.

3 Rühren Sie den Oregano unter die Passata und verteilen Sie diese auf den kleinen Pizzastücken.

4 Verteilen Sie jetzt nach Belieben Mozzarella, Tomaten und Salami darüber. Schlagen Sie die Ecken um und formen Sie daraus runde Pizzabrötchen.

5 Geben Sie diese nebeneinander in den Potjie.

6 Verquirlen Sie das Ei und verteilen Sie es über den Pizzabrötchen.

7 Stellen Sie den Potjie über das Feuer und garen Sie die Pizzabrötchen darin für 20 Minuten bei geschlossenem Deckel.

8 Verteilen Sie jetzt den geriebenen Käse darüber und garen Sie die Pizzabrötchen noch einmal für 20 Minuten.

LAMM-SOSATIES – LAMM-SPIEẞE

15 Port. 1 Std. Leicht

Zutaten

500 g Lammkeule
2 Zwiebeln
3 gemischte Paprikaschoten
120 g getrocknete Aprikosen

Für die Marinade:
1 EL Currypulver
1 EL Kurkuma
1 EL brauner Zucker
1 Prise Salz
5 EL Olivenöl
3 EL Aprikosenmarmelade
5 EL Weißwein

Außerdem:
Schaschlikspieße

Nährwerte p. P.

289 kcal
39 g Kohlenhydrate
18 g Fett
6 g Eiweiß

1 Schneiden Sie das Fleisch in ca. 2,5 cm große Stücke.

2 Schälen Sie die Zwiebel und schneiden Sie diese in große Spalten. Schneiden Sie die Paprikaschoten in gleich große Stücke.

3 Spießen Sie die Spieße jetzt mit Fleisch, Aprikosen, Zwiebeln und Paprikastücken auf.

4 Vermengen Sie jetzt alle Zutaten für die Marinade miteinander. Bestreichen Sie die fertigen Spieße damit.

5 Legen Sie einen entsprechenden Rost in den Potjie und erhitzen Sie diesen. Geben Sie die Spieße nach und nach hinein und garen Sie sie je nach Temperatur 20 bis 30 Minuten gar.

SCHMALZKÜCHLEIN

4 Port. | 1,5 Std. | Mittel

Zutaten

500 g Mehl
½ Pck. Trockenhefe
200 ml Milch
50 ml Wasser
80 g Zucker
1 Ei
1 Eigelb
60 g Butter
1 Prise Salz
1 Pck. Frittierfett
100 g Puderzucker

Nährwerte p. P.

82 kcal
11 g Kohlenhydrate
3 g Fett
2 g Eiweiß

1 Vermengen Sie Mehl, Hefe, Milch, Wasser, Zucker und Eier miteinander.

2 Schmelzen Sie die Butter in einem kleinen Topf oder in der Mikrowelle. Rühren Sie sie zusammen mit dem Salz unter den Teig.

3 Kneten Sie daraus eine Teig und lassen Sie ihn für mindestens 30 Minuten ruhen.

4 Erhitzen Sie das Frittierfett in dem Potjie auf 160 Grad.

5 Rollen Sie in der Zwischenzeit den Teig dünn aus. Schneiden Sie daraus jeweils ein ca. 2 cm dickes Stück ab und formen Sie daraus eine Raute. Verfahren Sie mit dem ganzen Teig so, bis er aufgebraucht ist.

6 Geben Sie die Teigrauten nach und nach in den Potjie und frittieren Sie diese für ca. 2 Minuten. Sie sollten knusprig sein und eine goldbraune Farbe annehmen.

7 Lassen Sie die Küchlein auf Küchenpapier abtropfen und bestreuen Sie sie im Anschluss mit Puderzucker.

GEBRANNTE MANDELN

4 Port. | 20 Min. | Mittel

Zutaten

800 g Mandeln
400 g Zucker
300 ml Wasser
4 EL Vanillezucker
2 TL Zimt

Nährwerte p. P.

100 kcal
12 g Kohlenhydrate
2 g Fett
1 g Eiweiß

1 Vermengen Sie Wasser, Zucker, Zimt und Vanillezucker im Potjie miteinander. Stellen Sie ihn auf die vorbereitete Feuerstelle und erhitzen Sie die Mischung.

2 Geben Sie die Mandeln hinzu, sobald das Gemisch köchelt. Rühren Sie das Ganze jetzt ständig um.

3 Das Wasser sollte dabei wieder anfangen zu kochen und der Zucker sollte karamellisieren.

4 Sobald die typische Farbe für Karamell entstanden ist, geben Sie die Mandeln auf ein mit Backpapier belegtes Backblech.

5 Lassen Sie die Mandeln darauf vollständig auskühlen.

DATTELN IM SPECKMANTEL

2 Port. 40 Min. Leicht

Zutaten

10 Datteln
10 Scheiben Speck

Nährwerte p. P.

120 kcal
30 g Kohlenhydrate
12 g Fett
4 g Eiweiß

1 Bereiten Sie den Potjie vor. Für die Datteln benötigen Sie ein passendes Grillrost.

2 Schneiden Sie die Datteln der Länge nach auf und entkernen Sie sie. Umwickeln Sie sie jetzt fest mit jeweils einer Scheibe Speck.

3 Fixieren Sie sie, falls notwendig, mit einem Zahnstocher.

4 Grillen Sie die Datteln auf dem Grillrost im bzw. über dem Potjie. Rösten Sie sie dabei von jeder Seite mindestens 3 Minuten lang an. Der Bacon sollte dabei knusprig werden.

5 Servieren Sie die Datteln am besten lauwarm.

Desserts

ZIMTSCHNECKEN

8 Port. | 2 Std. | Mittel

Zutaten

2 EL Zucker
1 Würfel Hefe
500 g Mehl
200 g Butter
250 ml Milch
1 Ei
1 Prise Salz
3 EL Backkakao
150 g Kokosflocken
1 ½ EL brauner Zucker
1 TL Zimt
1 Eigelb

Nährwerte p. P.

572 kcal
52 g Kohlenhydrate
34 g Fett
7 g Eiweiß

1 Vermengen Sie zunächst Zucker und Hefe mit 2 EL Milch. Rühren Sie das Gemisch gut um, bis sich der Zucker vollständig aufgelöst hat. Geben Sie jetzt Mehl, die übrige Milch, 50 g der Butter, Ei und Salz hinzu. Kneten Sie daraus einen homogenen Teig. Lassen Sie ihn an einem warmen Ort für mindestens 1 Stunde ruhen.

2 Bereiten Sie in der Zwischenzeit die Füllung vor. Vermengen Sie dafür die übrige Butter, Backkakao, Kokosflocken, den braunen Zucker und Zimt miteinander. Schmelzen Sie die Mischung kurz über einem Wasserbad.

3 Bereiten Sie in der Zwischenzeit die Feuerstelle vor. Der Potjie sollte für dieses Rezept auf heißen Kohlen und nicht über Feuer stehen.

4 Teilen Sie den Teig nach der Ruhezeit in 8 gleich große Stücke. Formen Sie daraus lange Streifen. Bestreichen Sie diese mit der vorbereiteten Füllung. Rollen Sie die Streifen jetzt zu Schnecken zusammen. Achten Sie dabei darauf, den Teig fest genug zusammenzurollen.

5 Legen Sie den Potjie mit Backpapier aus und geben Sie die Zimtschnecken hinein. Verquirlen Sie das Eigelb und bestreichen Sie die Zimtschnecken damit. Verschließen Sie den Potjie und geben Sie ihn auf die vorbereiteten Kohlen. Backen Sie die Zimtschnecken für ca. 40 Minuten. Lassen Sie sie 20 Minuten lang im geschlossenen Potjie ruhen.

BROTPUDDING

4 Port. | 1,5 Std. | Leicht

Zutaten

300 ml Sahne
3 Eier
80 g Zucker
1 Orange
2 Vanilleschoten
1 Schuss Whiskey
250 g Weißbrot

Nährwerte p. P.

275 kcal
49 g Kohlenhydrate
17 g Fett
6 g Eiweiß

1 Bereiten Sie eine Feuerstelle für den Potjie vor.

2 Vermengen Sie alle Zutaten, bis auf das Weißbrot, miteinander. Geben Sie sie in einen Topf und köcheln Sie die Mischung kurz auf.

3 Entfernen Sie die Vanilleschoten. Würfeln Sie das Brot grob. Geben Sie die Brotwürfel in eine große Auflaufform.

4 Verteilen Sie die vorbereitete Mischung darüber.

5 Geben Sie die Auflaufform direkt in den Potjie. Verwenden Sie dabei einen Grillrost oder Steine. Die Form sollte den Potjieboden nicht berühren.

6 Backen Sie den Brotpudding ca. 40 Minuten.

7 Lassen Sie das Gebäck im Anschluss kurz abkühlen und servieren Sie es lauwarm.

PFIRSICH-CRUMBLE

4 Port. | 1 Std. | Mittel

Zutaten

Für den Auflauf:
850 g Pfirsiche
140 g brauner Zucker
2 EL Mehl
1 TL Zimt
Je ¼ TL Muskat und Salz
1 Vanilleschote
2 EL Butter

Für das Topping:
150 g Mehl
50 g brauner Zucker
1 ½ TL Backpulver
50 g Butter (geschmolzen)
100 ml Sahne

Nährwerte p. P.

360 kcal
42 g Kohlenhydrate
9 g Fett
3 g Eiweiß

1 Bereiten Sie die Feuerstelle für den Potjie vor. Der Potjie sollte eine Temperatur von ca. 180 Grad erreichen.

2 Waschen Sie die Pfirsiche und schneiden Sie sie in dünne Spalten. Entfernen Sie dabei den Kern.

3 Schneiden Sie die Vanilleschote der Länge nach auf und entnehmen Sie das Mark daraus.

4 Vermengen Sie alle angegebenen Zutaten für den Auflauf miteinander. Verwenden Sie dafür eine feuerfeste Auflaufform.

5 Formen Sie aus den Zutaten für das Topping 8 flache Kugeln. Verteilen Sie diese auf dem Auflauf.

6 Geben Sie die Auflaufform jetzt in den Potjie. Verwenden Sie dabei ein passendes Grillrost, damit die Form nicht direkt auf dem Boden des Potjies steht.

7 Garen Sie den Crumble für ca. 20 Minuten. Das Topping sollte dabei eine goldbraune Farbe annehmen. Servieren Sie das Dessert lauwarm.

GEGRILLTE BANANEN

4 Port. 30 Min. Leicht

Zutaten

20 g Butter
30 g Mandelsplitter
65 ml Wasser
250 g Zucker
65 g Butter
35 ml Espresso
25 ml Brandy
100 ml Sahne
4 Bananen

Nährwerte p. P.

530 kcal
64 g Kohlenhydrate
27 g Fett
3 g Eiweiß

1 Rösten Sie die Mandelsplitter mit 20 g Butter in einer beschichteten Pfanne an, bis diese goldbraun sind. Nehmen Sie sie jetzt aus der Pfanne.

2 Vermengen Sie Zucker und Wasser in einer Pfanne, bis die Mischung karamellisiert.

3 Rühren Sie jetzt Butter, Espresso, Brandy und die steif geschlagene Sahne unter. Nehmen Sie die Pfanne sofort vom Herd.

4 Grillen Sie die Bananen samt Schale entweder in der Pfanne oder auf einem Potjie-Grillrost. Beide Seiten der Schale sollten schön dunkel werden.

5 Schälen Sie sie und richten Sie sie mit dem vorbereiteten Dip und den gerösteten Mandeln an.

Tipp: Dazu schmeckt Vanilleeis.

APFELKUCHEN

1 Port. 1,5 Std. Mittel

Zutaten

Für den Kuchen:
4 - 6 Äpfel, je nach Größe
100 g weiche Butter
100 g brauner Zucker
1 Pck. Vanillezucker
3 Eier
150 g Mehl, gesiebt (Typ 405)
50 g Speisestärke, gesiebt
40 g Rosinen
1 TL Zitronensaft
1 TL Backpulver

Für die Streusel:
150 g Mehl
125 g brauner Zucker
125 g Butter

Optional:
1 TL Apfelkuchengewürz

Nährwerte p. P.

393 kcal
40 g Kohlenhydrate
20 g Fett
12 g Eiweiß

1 Schälen Sie die Äpfel, entfernen Sie das Gehäuse und schneiden Sie sie in dünne Spalten.

2 Schlagen Sie Butter, Zucker und Vanillezucker schaumig auf. Rühren Sie jetzt alle übrigen Zutaten für den Teig unter.

3 Geben Sie den Teig in eine mit Backpapier ausgelegte Kuchenform. Alternativ kann der Kuchen auch direkt im Potjie gebacken werden. Das funktioniert jedoch nur, wenn es ein sehr kleiner Potjie ist.

4 Verteilen Sie jetzt die Apfelspalten gleichmäßig auf dem Teig.

5 Vermengen Sie alle Zutaten für die Streusel miteinander. Formen Sie mit den Händen Streusel daraus und verteilen Sie diese gleichmäßig über den Äpfeln.

6 Geben Sie die Form in den Potjie und verschließen Sie ihn. Backen Sie den Kuchen darin für ca. 40 bis 60 Minuten. Je nach Temperatur der Feuerstelle.

7 Lassen Sie ihn im Anschluss vollständig auskühlen.

MALVA-PUDDING

4 Port. | 1 Std. | Mittel

Zutaten

Für den Teig:
90 g Zucker
2 Eier
1 Prise Salz
1 EL Aprikosenmarmelade
1 TL Natron
50 g Butter
1 TL Zitronensaft
120 g Mehl
250 ml Milch

Für die Soße:
80 g brauner Zucker
125 ml kochendes Wasser
100 g Butter

Nährwerte p. P.

486 kcal
49 g Kohlenhydrate
30 g Fett
10 g Eiweiß

1 Bereiten Sie die Feuerstelle vor und heizen Sie den Potjie vor. Legen Sie einen Grillrost hinein.

2 Vermengen Sie alle Zutaten für den Teig miteinander. Geben Sie diesen in eine 30 x 20 cm große Auflaufform.

3 Legen Sie diese auf das Grillrost im Potjie und backen Sie den Pudding darin je nach Temperatur ca. 10 bis 20 Minuten. Er sollte dabei nicht zu fest werden.

4 Bereiten Sie in der Zwischenzeit die Soße zu. Vermengen Sie alle Zutaten für die Soße in einem kleinen Topf.

5 Erhitzen Sie diese, bis alles geschmolzen ist und sich der Zucker vollständig aufgelöst hat. Rühren Sie die Soße dabei ständig um.

6 Übergießen Sie den Pudding in der Auflaufform mit der Soße. Schließen Sie den Potjie und lassen Sie den Pudding noch einmal ca. 10 Minuten darin ruhen. Reduzieren Sie für diese Zeit die Hitze deutlich oder nehmen Sie den Potjie von der Feuerstelle.

7 Sobald die Soße vollständig vom Pudding aufgenommen wurde, ist dieser fertig.

8 Servieren Sie ihn am besten warm mit Vanillesoße oder Vanilleeis.

Südafrikanische Getränke

AMARULA-ÜBERRASCHUNGS-KAFFEE

1 Port. | 5 Min. | Leicht

Zutaten

60 ml Amarula-Cream-Likör
Ca. 100 ml starker Filterkaffee
50 ml Schlagsahne
8 Stückchen Schaumzucker
40 g brauner Zucker
40 g Kakaopulver

Nährwerte p. P.

229 kcal
23 g Kohlenhydrate
12 g Fett
6 g Eiweiß

1 Geben Sie den Kaffee in eine große Tasse.

2 Füllen Sie ihn mit dem Cream-Likör auf. Setzen Sie die Sahne darauf.

3 Verteilen Sie auf der Sahne den Schaumzucker, braunen Zucker und das Kakaopulver.

AMARULA MIT WODKA

1 Port. 5 Min. Leicht

Zutaten

4 cl Espresso
2 cl Count-Pushkin-Wodka
2 TL feiner Zucker (oder mehr nach Geschmack)
2 cl Amarula-Cream
1 Kirsche

Nährwerte p. P.

209 kcal
29 g Kohlenhydrate
11 g Fett
5 g Eiweiß

1 Geben Sie Espresso, Wodka und Zucker in einen Shaker und schütteln Sie die Mischung 1 Minute lang kräftig.

2 Seihen Sie die Mischung ab und geben Sie sie in ein Kaffeegefäß.

3 Geben Sie jetzt die Amarula-Cream darüber. Garnieren Sie den Kaffee mit einer Kirsche.

AMARULA-EIS-COCKTAIL

5 Port. | 10 Min. | Leicht

Zutaten

250 ml Amarula
½ Liter Vanilleeis
250 ml gekühlter Filterkaffee
50 g geriebene Schokolade
40 ml Schokoladensoße
50 ml Schlagsahne
4 Maraschino-Kirschen

Nährwerte p. P.

213 kcal
22 g Kohlenhydrate
19 g Fett
6 g Eiweiß

1 Mixen Sie Amarula, Eis, Kaffee und die Hälfte der geriebenen Schokolade in einem Mixer. Verteilen Sie diese Amarula-Mischung gleichmäßig auf 4 Gläser.

2 Geben Sie darauf jeweils etwas Schokoladensoße und Schlagsahne.

3 Garnieren Sie den Eiskaffee-Genuss mit jeweils einer Maraschino-Kirsche.

ROOIBOS-EISTEE

1,5 l | 10 Min. | Leicht

Zutaten

1,2 Liter Wasser
2 EL Rooibostee (rot oder grün)
1 Zitrone

Nach Belieben:
Minze
Zucker
Eiswürfel

Nährwerte p. P.

80 kcal
8 g Kohlenhydrate
1 g Fett
1 g Eiweiß

1 Bringen Sie das Wasser zum Kochen. Geben Sie den Tee hinzu und lassen Sie ihn in dem Wasser 5 bis 8 Minuten (je nach Geschmack) ziehen.

2 Seihen Sie die Teeblätter ab. Pressen Sie die Zitrone aus und rühren Sie den Zitronensaft unter.

3 Geben Sie jetzt nach Belieben Minze, Zucker und Eiswürfel hinzu.

Tipp: Servieren Sie den Eistee kalt.

ROOIBOS-CHAI-LATTE

4 Port. 10 Min. Leicht

Zutaten

10 schwarze Pfefferkörner
8 Kardamomkapseln
4 Sternanise
2 Zimtstangen
700 ml Milch
70 g brauner Kandis
1 Vanilleschote
1 Liter Wasser
3 EL Rooibos-Tee

Nährwerte p. P.

93 kcal
19 g Kohlenhydrate
3 g Fett,
2 g Eiweiß

1 Zerkleinern Sie Pfeffer, Kardamom und Sternanis im Mörser. Rösten Sie die Mischung gemeinsam mit den Zimtstangen auf mittlerer Hitze kurz an.

2 Geben Sie jetzt die Milch, braunen Kandis und die Vanilleschote hinzu. Lassen Sie das Ganze für 15 Minuten bei geringer Wärmezufuhr ziehen.

3 Erhitzen Sie währenddessen das Wasser. Geben Sie den Tee hinzu und lassen Sie ihn je nach Geschmack 5 bis 8 Minuten darin ziehen.

4 Vermengen Sie den Tee mit der Milchmischung und geben Sie sie jetzt durch ein feines Sieb.

Tipp: Servieren Sie den Chai-Latte heiß.

ROCK SHANDY

1 Port. 5 Min. Leicht

Zutaten

120 ml Mineralwasser
mit Kohlensäure
120 ml helle Limonade
½ TL Angostura-Bitter
1 Zitronenscheibe
Eiswürfel

Nährwerte p. P.

49 kcal
11 g Kohlenhydrate
2 g Fett
1 g Eiweiß

1 Geben Sie die Eiswürfel in ein hohes Glas.

2 Füllen Sie es mit Mineralwasser und Limonade auf. Rühren Sie das Angostura-Bitter unter.

3 Garnieren Sie das Glas mit der Zitronenscheibe.

MANGO-APFEL-MOCKTAIL

1 Port. 5 Min. Leicht

Zutaten

200 ml kaltes alkohol-
freies Bier
150 ml Mangosaft
50 ml Apfelsaft
Eiswürfel

Nährwerte p. P.

104 kcal
22 g Kohlenhydrate
1 g Fett
1 g Eiweiß

1 Füllen Sie ein hohes Glas mit Eiswürfeln.

2 Geben Sie zunächst das Bier hinzu. Füllen Sie es mit den Säften auf.

3 Umrühren und servieren